I0464281

La vengeance est un plat qui se mange chaud !

Claude COGNARD.

La vengeance est un plat qui se mange chaud !

ISBN-13: 978-1481032247 - ISBN-10: 1481032240

La vengeance est un plat qui se mange chaud !

Claude COGNARD.

Éditions...
Théâtre de qualité.

ISBN-13: 978-1481032247 - ISBN-10: 1481032240

DU MEME AUTEUR.

- Facebook love, une nouvelle façon d'aimer. Éditions Apopxis, Paris, 2012 – Préface Françoise Mariotti. Actuellement disponible Fnac.
- Universal Spirit, Éditions Patrick Durand-Peyroles, Burneaux 2011,
- Tu es trop vieux, Éditions Patrick Durand-Peyroles, Burneaux 2010,
- Claire, le malheur te va si bien. Éditions Patrick Durand-Peyroles. Burneaux 2009, théâtre.
- Six femmes pour un homme. Éditions Zinedi – FG communication. Paris 2007.
- Sexe, magouilles et harcèlements – Roman. Amazon Saint-Etienne 2012
- I was nine when I committed suicide. Amazon Saint-Etienne 2012. Anglais.
- Deux anges en Enfer – Théâtre. Amazon Saint-Étienne 2012.
- Sur la route de Jérusalem – Roman. Amazon Saint-Étienne 2012
- Quinqua Kleenex - Pitié pour les Anciens – Roman. Amazon Saint-Étienne
- La ménopause des Sentiments, Théâtre. Amazon Saint-Étienne 2012,
- Femme Couguar. Monologue. Théâtre 2012.
- Refuge en Montagne. Monologue pour Dimi de Delphe. 2012
- Biographie complète sur demande.

ISBN-13: 978-1481032247 - ISBN-10: 1481032240

THEATRE.

Personnages :

Deux hommes sensiblement du même âge.

Petite bijouterie, rideaux pleins qui ne laissent pas voir l'extérieur.

Intérieur, avec un comptoir central – une caisse – des tabourets hauts, style bistro – un coffre-fort, des vitrines vides, sur le mur. Obscurité. À l'intérieur, un homme il a abandonné son arme sur le comptoir.

I.

LEON. *(Il sort son téléphone portable).*

Robert ? C'est moi, Léon. Quelle chaleur ! Oui, je suis à l'intérieur de sa bijouterie. J'ai l'arme et une paire de menottes ! Les menottes, c'est pourquoi ? Bon, à mon avis, ça m'étonnerait que je m'en serve. Les

THEATRE - COPYRIGHTCLAUDECOGNARD2012 ISBN-13 : 978-1481032247 - ISBN-10 : 1481032240

clefs, c'était bon. La télésurveillance, aucun problème... le code 4369 impec ! J'ai hâte de remercier Iris, ma petite femme pour tout et de la serrer, elle et mon fils, dans mes bras. Je... J'attends Franck, je récupère le magot et je me tire... Franck ? Il n'a jamais été très futé ! Quoi ! Assez futé pour que ce soit moi qui ai pris quinze ans ferme, à sa place ?... j'aurais aimé te voir à ma place... Je ne suis pas une balance, moi ! N'empêche que c'est lui qui avait tiré... Évidemment, que c'était mes empreintes, puisque après avoir tiré, il m'a donné son arme. Comment ça, le plus con des deux, c'est celui qui a tenu l'arme en dernier ? Le pistolet n'allait pas tenir en apesanteur ! ... Franck a pris la fuite et pas moi ? D'accord, j'ai compris, il est moins con que moi ! Mais moi, ça a toujours été, sans

ISBN-13: 978-1481032247 - ISBN-10: 1481032240

violence, ni sang ! ... la télésurveillance du centre commercial, n'a enregistré que ma gueule ? Eh oui, il avait une cagoule et pas moi ?   Putain ! Pendant, que je moisissais en prison, lui se pavanait ici ...   quoi, j'aurais dû attendre trois ans de plus ? Avec les remises de peine... ... oui, mais c'était trois ans sans Iris. Iris, c'est la prunelle de mon âme.   Il y en a qui diraient que Franck se la sauterait. Franck ? Pas de risque !   N'oublie pas qu'Iris m'a fait le plus beau bébé parloir qui soit. *(Bruit derrière les rideaux. Il s'énerve vraiment).* Pas à moi !... Le bébé ? J'entends du bruit. *(Il prend son arme et enfile une cagoule. Il disparaît derrière le comptoir).*

THEATRE - COPYRIGHTCLAUDECOGNARD2012 ISBN-13 : 978-1481032247 - ISBN-10 : 1481032240

II.

FRANCK. *(Costume cravate - Journal dans une main, sacoche dans l'autre, il referme et range ses clés dans sa poche).*

LEON. *(Il surgit de derrière le comptoir et lui place le canon du pistolet au niveau de la gorge).*

FRANCK. *(Cris de peur, puis...)*
Petit con ! Si tu crois me faire peur...

LEON.
Grand con ! Referme ta boutique, prends un écriteau et écris, « fermé pour cause d'inventaire».

FRANCK. *(Rire – en refermant la porte).*
Inventaire, un jour de semaine, au mois d'octobre...

LEON.
Discute encore et c'est moi qui écrirai « Fermé pour cause de décès » !

FRANCK.

ISBN-13: 978-1481032247 - ISBN-10: 1481032240

Cette fermeture va paraître (*en articulant le dernier mot*)... **sus**pecte.

LEON. *(Très sec, se voulant sans humour).*
Suce et pète si tu veux, mais agis !

(Franck enlève sa veste, passe derrière le comptoir, Léon le suit).

FRANCK.
Bon, moi, ce que je t'en dis, c'est pour toi !

LEON.
Grouille-toi !

FRANCK.
Zen ! Tu veux quoi, les bijoux ?

LEON.
Non, du fromage et puis, tu m'ajouteras deux kilos de pot au feu, crétin !

FRANCK.
Reste poli !

LEON. *(Il regarde autour de lui).*
La caisse ! Merde !

THEATRE - COPYRIGHTCLAUDECOGNARD2012 ISBN-13 : 978-1481032247 - ISBN-10 : 1481032240

FRANCK. *(Il sort quelques billets et des rouleaux de pièces).*
Si tu veux...

LEON. *(En regardant le contenu).*
Pas celle-ci, mariole ! Je ne t'ai pas attendu. Soixante-quinze euros ? Je ne demande pas l'aumône.

FRANCK.
Avant de faire un casse, on se renseigne !

LEON. *(Il se serre contre lui, arme menaçante).*
Me renseigner ?

FRANCK. *(Il recule).*
Un casse, ça se prépare !

LEON. *(Il lui entre son arme sous l'oreille).*
T'occupe !

FRANCK. *(Il cherche à se dégager).*
Comment es-tu rentré ?

LEON.
Ta gueule ! Assieds-toi !

FRANCK. *(Il prend un tabouret).*

ISBN-13: 978-1481032247 - ISBN-10: 1481032240

Toi, tu as une tête à faire des conneries !

LEON.
Coffre !

FRANCK.
En combien de lettres ?

LEON.
Quoi, en combien de lettres ?

FRANCK. *(Il se relève).*
Tu dis coffre !

LEON.
Il est où, le coffre ?

FRANCK. *(Il effectue un pas de danse, puis provocateur)*
Où est le coffre ?

LEON.
C'est moi qui te pose la question ?

FRANCK. *(Moqueur).*
Il est où, le coffre ? Coffre - le –où- est-il ?

LEON. *(Il lui plante son arme dans les cotes et libère le percuteur).*

THEATRE - COPYRIGHTCLAUDECOGNARD2012 ISBN-13 : 978-1481032247 - ISBN-10 : 1481032240

Suffit !

FRANCK.
Ça fait mal ton truc ! Merde !

LEON.
M'en fiche !

FRANCK.
Quand on voit l'arme, on cherche le cheval.

LEON. *(Étonné, il regarde son arme).*
Le cheval ?

FRANCK.
Tu as fait la guerre de sécession, ou quoi ?

LEON.
Sécession ?

FRANCK.
Cette arme... *(Il s'approche).*

LEON. *(Inquiet)*
Recule !

FRANCK.
Montre cette arme à un Anglais, il va reconnaître   celles   que   les

ISBN-13: 978-1481032247 - ISBN-10: 1481032240

THEATRE.

sécessionnistes utilisaient contre son pays.

LEON.
Je ne suis pas là pour un cours d'histoire.

FRANCK. *(Ironique)*.
Jamais entendu parler de sécession, ni de l'équipe La Fayette et Washington ?

LEON.
Sorti de Tony Parker, moi les basketteurs américains... Assez ! Ouvrons ce Putain de coffre !

FRANCK. *(En chantonnant style rappeur)*.
Coffre, je l'offre, c'est une suroffre, d'un mangeur de gaufres. (*Il prononce goffre*).

(Téléphone sonne).

FRANCK. *(Il se précipite pour décrocher)*.
Désolé, mais il faut que je réponde !

LEON.
Tu répondras quand je te le dirai.

THEATRE - COPYRIGHTCLAUDECOGNARD2012 ISBN-13 : 978-1481032247 - ISBN-10 : 1481032240

FRANCK. *(Il rit).*
Alors, tu t'expliqueras avec la police ! En général, quand les flics se déplacent, c'est rapide, et ils quadrillent tout le quartier...

LEON.
S'ils approchent, je te bute !

FRANCK.
Avec ce pistolet ?

LEON.
Réponds à cette connerie de téléphone ! *(la sonnerie cesse).*

FRANCK. *(Jovial).*
Trop tard !

LEON. *(Il le bouscule, le met au sol derrière le comptoir).*
Trop tard ?

(On voit une main qui passe et prend le combiné).

FRANCK. *(Qui se relève).*
Bonjour, Franck Duglas, 4369... Je n'ouvrirai pas la boutique. Je dois effectuer un contrôle d'inventaire. Combien de temps ?

ISBN-13: 978-1481032247 - ISBN-10: 1481032240

LEON. (*Murmure avec l'arme placée à hauteur de sa tempe*).
Tu ne sais pas.

FRANCK.
Voilà, je ne sais pas... je ne sais d'ailleurs rien du tout ! Avec moi ? ... un ami qui ... voilà... non, j'ai bien dit 4369. Merci...

(Léon le pique avec son arme – Franck raccroche).

LEON.
C'est fini, cette histoire de code. Je ne suis pas idiot.

FRANCK.
C'est toi que le dis !

LEON.
Qui dis quoi ?

FRANCK.
Laisse tomber !

LEON.
Laisse tomber quoi ?

FRANCK.

THEATRE - COPYRIGHTCLAUDECOGNARD2012 ISBN-13 : 978-1481032247 - ISBN-10 : 1481032240

Ton arme, si tu veux !

LEON.
Ah non ! Tu me prends pour une bille ?

FRANCK. *(Il le toise).*
Une grosse bille, alors !

LEON.
Pauvre nase ?

FRANCK.
Je connais les hommes ! Je parle d'expérience.

LEON.
J'ai connu un Philippe.

FRANCK.
Ah ! Eh alors ?

LEON.
Philippe Dexpérience !

FRANCK.
Ah, c'est de l'humour ?

LEON.
Non, un collègue.

FRANCK.

ISBN-13: 978-1481032247 - ISBN-10: 1481032240

J'ai un peu travaillé dans ton secteur.

LEON.
Mon secteur d'activité ?

FRANCK.
Ouais, toi et moi, on est collègues !

LEON.
Toi, tu connais la taule ?

FRANCK.
Comment ça, la tôle ?

LEON.
En dehors de la taule, aucune expérience !

FRANCK.
Tôle laminée ? Tôle galvanisée ? Tôle ondulée... ?

LEON.
Jamais entendu parler...

FRANCK.
J'ai braqué des banques, des bijouteries, avec une arme, une cagoule quoi ...

LEON.

THEATRE - COPYRIGHTCLAUDECOGNARD2012 ISBN-13 : 978-1481032247 - ISBN-10 : 1481032240

Quelles bijouteries ?

FRANCK.
Tu ne veux pas des aveux, non plus ?

LEON.
Tu agissais seul ?

FRANCK.
Non, j'avais un type avec moi.

LEON.
Ah !

FRANCK.
Un débile. Il est en prison...

LEON.
Il sort quand ?

FRANCK.
Le plus tard, sera le mieux !

LEON.
Il s'appelait comment ?

FRANCK.
Il est tellement con... *(pause).*

LEON. *(Il enchaîne la phrase).*
...Que tu vas me le dire...

ISBN-13: 978-1481032247 - ISBN-10: 1481032240

FRANCK. *(Il rit).*
Il s'appelait, Léon ... *(Songeur).* Ah le con !

LEON.
Léon le con, ça rime !

FRANCK.
Ouais !

LEON.
On s'en fout de ton Léon ! Ce coffre, on se l'ouvre ?

FRANCK.
Je boirais bien une petite bière. Ça ne te dit pas ? Je vais la chercher ?

LEON.
Nous allons la chercher...

III.

(Ils reviennent chacun avec sa cannette).

THEATRE - COPYRIGHTCLAUDECOGNARD2012 ISBN-13 : 978-1481032247 - ISBN-10 : 1481032240

FRANCK.
Ouais, c'était le bon temps... Je travaillais déjà avec l'autre crétin qui est en prison.

LEON.
C'est quand même injuste, qu'il soit en prison alors que c'est toi qui as tiré les coups de feu.

FRANCK.
Il est tellement con !

LEON.
Oui, j'oubliais. La prison, c'est avant tout pour les cons.

FRANCK.
Mais, non, ce type est heureux de faire de la prison pour moi.

LEON.
Oui, si ça se trouve... il a le sens du sacrifice.

FRANCK.
Ouais !

LEON.
Il jouit tous les jours, en pensant à toi.

ISBN-13: 978-1481032247 - ISBN-10: 1481032240

THEATRE.

FRANCK.
Une vraie gonzesse ! À vomir.

LEON.
La prison, ça doit être dure pour lui ?

FRANCK.
Mais non ! C'est le genre de mec, qui aime se faire mettre.

LEON.
En prison, il doit être servi !

FRANCK. *(Rires).*
À mon avis, c'est un homo !

LEON.
Ça m'étonnerait.

FRANCK.
Tu ne le connais pas.

LEON.
J'ai mon idée...

FRANCK.
J'aime tellement les femmes que les pédés, je les renifle à un kilomètre.

LEON.   *(Il finit sa bière d'un trait).*

THEATRE - COPYRIGHTCLAUDECOGNARD2012 ISBN-13 : 978-1481032247 - ISBN-10 : 1481032240

Wahoo ! Un kilomètre. Si je m'étais posé des questions sur le sujet, j'aurais été rassuré, là ! Allez, on l'ouvre, ce coffre !

FRANCK. (*Il se baisse et sort d'un placard, une clé avec longue tige).* Voilà, la clé.

LEON.
Le code ?

FRANCK.
Plus de code, maintenant, c'est de la reconnaissance faciale.

LEON.
Reconnaissance faciale ?

FRANCK.
C'est extrêmement facile. Le système reconnaît.
LEON.
Ça m'épate. Je dis qu'en prison, on devrait suivre de stage de mise à niveau...

FRANCK.
Tu n'auras plus qu'à tourner la clé... *(Il agite la main, mimant l'ouverture).*

ISBN-13: 978-1481032247 - ISBN-10: 1481032240

LEON.
Après toi ! (*Il le pousse la tige de la clé*). Je te laisse faire... Et tu es sûr que ton bidule va te reconnaître.

FRANCK.
Pourquoi il ne me reconnaîtrait plus ? Ça marche depuis deux ans, pas de raison que...

LEON.
Imaginons, erreur, l'appareil ne te reconnaît pas !

FRANCK.
Un chien reconnaît toujours son maître. Eh bien, le coffre me reconnaît toujours !

LEON.
Non, mais, imagine que quelqu'un d'autre se présente devant ton bidule. Que se passerait-il ?

FRANCK.
Le coffre se bloque pendant 24 heures ...
(Ils sortent.)

THEATRE - COPYRIGHTCLAUDECOGNARD2012 ISBN-13 : 978-1481032247 - ISBN-10 : 1481032240

IV

(Ils reviennent).

FRANCK.
Tu es vraiment le roi des cons ! Tu es pire que Léon.

LEON.
Tu me flattes !

FRANCK.
Si on faisait un dîner de cons, tu y aurais ta place.

LEON.
C'est ton système qui est con. J'étais cagoulé, il ne pouvait savoir s'il me connaissait ou non...

FRANCK.
Amuse-toi, moi, j'ai du travail...
(Il contourne le comptoir et sort des dossiers, puis il s'installe sur un tabouret).

LEON. *(Il s'installe sur l'autre tabouret).*
Je ne sais pas ce qui me retient de te mettre une balle *(il prend un accent*

ISBN-13: 978-1481032247 - ISBN-10: 1481032240

africain) dans la tronche. (*De la main, il balaie les dossiers que Franck a sortis).*

FRANCK.
Plus tu attends et plus tu cours le risque de te faire gauler par la police.

LEON.
Qu'elle intervienne, j'ai des choses à leur dire !

FRANCK.
Des choses ?

LEON.
Oui, des choses !

FRANCK.
À quel propos !

LEON.
T'inquiète ! Tu as le temps de savoir ! Demain, ma copine passe, et elle et moi, nous filons avec le butin... mais avant ça, nous allons bavarder toi et moi.

FRANCK.
De quoi ?

LEON.

THEATRE - COPYRIGHTCLAUDECOGNARD2012 ISBN-
13 : 978-1481032247 - ISBN-10 : 1481032240

De toi !

FRANCK.
De moi ?

LEON.
Oui, de toi, t-o-i, si tu veux parler de toit, T.O.I.T appelle le couvreur !

FRANCK.
Casse-toi Pov'con !

LEON.
Con ? Moi ? *(Il arrache sa cagoule).* Logique !

FRANCK.
Oh putain! Léon! Oooooooooooh Léon !

LEON.
J'avais envie de passer du temps avec toi...

FRANCK.
Putain Léon ?

LEON.
Cache ta joie ! Rassure-toi, tu vas pouvoir t'expliquer....

FRANCK.

ISBN-13: 978-1481032247 - ISBN-10: 1481032240

M'expliquer ?

(L'arme au poing, Léon s'approche de Franck, il le force à se courber en arrière, en lui plaçant l'arme sous la gorge).

LEON.
Je récupère ce que tu me dois plus les intérêts, le pédé te bute et le pédé se tire...

FRANCK.
Le pédé ? Je n'ai jamais dit ça...

LEON.
J'ai mal entendu... ben oui !

FRANCK. *(Il se déplace vers un des tiroirs).*
Écoute, combien tu veux ?

LEON.
Te te te te te ! Les mains bien visibles, tu ne fais aucun geste sans mon autorisation.

FRANCK. *(Il se fige).*
Je me doutais que c'était toi ! Toutes les radios parlaient de ton évasion ce matin.

THEATRE - COPYRIGHTCLAUDECOGNARD2012 ISBN-13 : 978-1481032247 - ISBN-10 : 1481032240

LEON.
Ne t'en fais pas ! Maintenant, tu t'écartes des boutons Police.

FRANCK. *(Tout le corps toujours, immobile).*
Pas question que je te trahisse, tu sais.

LEON.
Tu ne trahis jamais personne. Il y a sept ans que j'attends que tu prennes ma place au placard.

FRANCK.
Je vais t'expliquer !

LEON.
Expliquer que tu m'as tout mis sur le dos devant les juges.

FRANCK.
Je t'ai gardé le butin, moi.

LEON.
Tu es un héros... et chercher à te faire ma Femme, c'était ta récompense ?

FRANCK.
Tu devrais la comprendre, loin de toi...

ISBN-13: 978-1481032247 - ISBN-10: 1481032240

LEON.
Tu assurais l'entretien de base,
graissage vidange, révision du moteur,
c'est ça ? *(il lève le bras et se retient de
le frapper)*. Tu es un menteur !

FRANCK.
Je te dis la vérité.

LEON.
Et mon fils, je n'en serais pas le père ?
Et pour cause un pédé ... Pov'con !

FRANCK.
Fais un test ADN ?

LEON.
Un test ADN ? Pour prouver quoi ? Que
tu es le père ?

FRANCK.
Je déconnais.

LEON.
Eh bien, je suis très sensible à ton
humour. Nous avons 24 heures devant
nous pour nous poiler.

FRANCK.
Je te demande pardon.

THEATRE - COPYRIGHTCLAUDECOGNARD2012 ISBN-
13 : 978-1481032247 - ISBN-10 : 1481032240

LEON.
Les homophobes sont en général, ceux qui luttent contre leurs propres pulsions homosexuelles ?

FRANCK.
Je me suis sauté plus de cent femmes... alors pédé, moi ?

LEON.
Moi, les femmes, je ne les saute pas, je les aime, je les conquiers, je leur fais la cour, puis si « affinités », je leur fais l'amour...

FRANCK.
Ok, tu n'es pas homo... nous ne le sommes ni l'un ni l'autre.

LEON.
Séduire trop de femmes, ça démontre que tu as quelque chose à prouver.

FRANCK.
Tu en as assez dit ! M'en fiche que tu sois Pédé.

LEON.

ISBN-13: 978-1481032247 - ISBN-10: 1481032240

On a toute la journée, puis toute la nuit pour en parler...

FRANCK.
Toute la nuit ?

LEON.
Ah oui, c'est que tu dors pendant la nuit, toi ?

FRANCK.
Non ! Non ! Non !

LEON. *(Il tend la main pour lui caresser le visage).*
Ne me dis pas que tu as peur d'un présumé homo ?

Franck pousse un cri. Il s'écarte, Léon se rapproche, Franck crie à nouveau, ...

V.

(Plus tard).

FRANCK.
Je m'emmerde !

THEATRE - COPYRIGHTCLAUDECOGNARD2012 ISBN-13 : 978-1481032247 - ISBN-10 : 1481032240

LEON.
Oh ! Tu t'endors !

FRANCK. *(En bayant).*
Non ! Non.

LEON.
Minuit, rappelle la sécurité... Dis-leur que nous n'avons toujours pas fini.

FRANCK. *(Il ferme les yeux).*
Non ! Non ! pas utile, ils savent.

LEON.
Tu dors ?

FRANCK. *(Il ouvre exagérément les yeux).*
Non ! Non !

LEON.
Le canapé dans le bureau derrière...

FRANCK.
C'est un divan qui ne fait pas lit...

LEON.
Tu pourras toujours t'allonger... grâce à toi, en prison, j'ai appris à ne plus dormir.

ISBN-13: 978-1481032247 - ISBN-10: 1481032240

FRANCK. *(Il ferme un œil)*.
Pas question, de dormir !

LEON.
Qu'est-ce que l'on fait en attendant ?

FRANCK.
On attend !

LEON.
Tu as des cartes ?

FRANCK.
Oui, c'est bien connu, les bijoutiers n'ont rien à faire, ils se tapent le carton.

LEON.
Susceptible ! Si on est là, c'est à cause de toi, non ?

FRANCK. *(Il lutte contre un bayement)*.
Non, c'est à cause d'un con cagoulé qui a cru qu'il allait duper la sécurité.

LEON.
Pas de souci ! Dors et demain ...

FRANCK. *(Brusquement lucide)*.
Quoi demain ?

LEON.

THEATRE - COPYRIGHTCLAUDECOGNARD2012 ISBN-13 : 978-1481032247 - ISBN-10 : 1481032240

Ah ? surprise-surprise ! Est-ce que tu as une préférence pour certaines fleurs ?

FRANCK. *(Il est à la limite de basculer dans le sommeil).*
Je n'aime pas les fleurs.

LEON.
Ce sera sans fleurs ni couronnes.

FRANCK. *(Endormi).*
Sans fleurs ni couronnes ! *(Il ronfle – il se relève).* Sans couronnes et sans fleurs, pourquoi ? *(il ronfle à nouveau).*

LEON.
Si un bourgeois n'est pas au lit, à neuf heures, il est foutu. *(Il se lève s'approche de lui).* Oh ! C'est Papa, il est l'heure de faire dodo ! Lève-toi, retire ta chemise, allez au lit !

(Ils sortent).

ISBN-13: 978-1481032247 - ISBN-10: 1481032240

VI

(Franck seul, derrière le comptoir, il est en caleçon, menotté au radiateur – il tire pour essayer de se libérer. Puis pour atteindre le téléphone, puis pour atteindre le bouton police –le pistolet est resté sur le comptoir hors d'atteinte).

FRANCK.
Qu'est-ce que je fous là, à poil ? *(il arrive à se mettre debout).* Il est où ? (il crie). Léon ? Oh Léon ? il est parti ? ... sans les bijoux ?
Je ne me souviens pas m'être déshabillé... quelle heure, il est...
Ma montre ? Où est ma montre ? Je ne la vois pas ! Il ne m'a pas piqué ma montre quand même ?
(Il réalise la présence d'une boîte de préservatif sur le radiateur).
Des préservatifs ?
Aline serait venue me rejoindre ?
Je ne m'en souviendrai pas... arrête !
Aline ? Putain... j'espère que...
Léon ?

Non, tu déconnes, Franck, pendant que tu …

J'aurais des… des… enfin, des …

Il n'a pas osé ?

Oh le pédé.

J'en étais sûr… Il a profité de mon sommeil.

Faire l'amour avec un mec et ne pas m'en souvenir… je vomis ! Les toilettes. Vite !

(*Il veut s'éloigner, menottes*).

Est-ce qu'un homme peut …

(*Il fronce le nez, et inspire longuement*).

Un homme, viril comme moi, est-ce qu'il peut… avec un autre, et ne pas s'en souvenir ?

(*À nouveau, il fronce le nez, et inspire longuement*).

Je sors de là et je vais porter plainte pour viol.

Pouh !

Tu me vois, pousser la porte du commissariat et dire, « on m'a violé ! ».

Le flic … décrivez la femme…

Et moi, « non, monsieur le policier, je me suis fait dépuceler par un ex-copain ! ».

Il va me rire au nez !

Je suis sale !

Des femmes à violer, ce n'est pas ce qui manque, si ?

ISBN-13: 978-1481032247 - ISBN-10: 1481032240

(Il réfléchit).
Il y en a même que ne demandent que
ça ....

*(Léon entre avec croissants, café, et
fleurs – il referme précautionneusement
la porte).*

FRANCK.
Tu as signé ton arrêt de mort !

LEON.
Comment ça ?

*(Il lui offre les fleurs que Franck balaie
d'un revers de main).*

FRANCK.
Tes fleurs, tes croissants, tu te les ...

LEON.   *(Il pose les croissants plus
loin).*
Chéri enfin ?

FRANCK.
Chéri ? ne t'avise pas de m'appeler
chéri !

LEON.
Après la nuit que nous avons passée...

THEATRE - COPYRIGHTCLAUDECOGNARD2012 ISBN-
13 : 978-1481032247 - ISBN-10 : 1481032240

FRANCK.
La nuit ?

LEON.
Eh bien, tu ne peux rien, m'interdire... tu n'as pas cessé de m'appeler mon petit bout de Sugar....

FRANCK.
Moi, t'appeler toi, mon petit bout de Sugar ! Moi... ?

LEON. *(il saute comme un singe).*
Hou ! Hou ! Hou ! Hou ! Moi y en a être Tarzan, toi Jane !

FRANCK. *(Main libre contre le front).*
J'en étais sûr, il m'a... je l'ai... je me l'a, il me l'ai... ne joue pas avec moi !

LEON.
Avec toi ? ...

FRANCK.
Cette nuit tu m'as violé ?

LEON.
S'il y en a un qui a violé l'autre, c'est toi.

FRANCK.

ISBN-13: 978-1481032247 - ISBN-10: 1481032240

Donne-moi ton arme !

LEON.
Le plus pédé de nous deux, c'est toi !

FRANCK.
Moi ?

LEON.
Les fais sont là, non ?

FRANCK.
Moi, pédé ? Quand je vais dire ça à Aline.

LEON.
Pas obligé de le lui dire !

FRANCK.
Elle et moi, nous nous disons tout !

LEON.
Elle va être ravie de ta franchise, crois-moi !

FRANCK.
Ravie ? Il va me virer oui...

LEON.
Il y a un début à tout, même au mensonge.

THEATRE - COPYRIGHTCLAUDECOGNARD2012 ISBN-13 : 978-1481032247 - ISBN-10 : 1481032240

FRANCK.
Con !

LEON.
Il faut toujours voir le côté positif !

FRANCK.
Le côté positif ?

LEON.
Eh oui, vous pourrez faire l'amour, à trois ...

FRANCK.   (*Il s'énerve sur ses menottes*).
Je passe sur la crise, quand je lui dirai « Chérie, je t'es trompée »...

LEON.
Trompé ? Tout n'est qu'une question de vocabulaire ...

FRANCK.
Pour toi, sûrement... imagine quand il me demandera la bouche en cul-de-poule : « elle était belle ? » et que je serai obligé de lui dire « c'était un homme ».

Léon rit.

ISBN-13: 978-1481032247 - ISBN-10: 1481032240

FRANCK. *(Il tire de plus en plus sur les menottes).*
Je te tue ! Je te tue ! Je te tue...

LEON.
On passe des années en prison, à rêver d'une femme, et boum ! un mec !

FRANCK.
Je ne me suis pas mis nu, devant toi ?

LEON.
Complètement Nu ! Plus nu que nu !

FRANCK.
Plus nu que nu ?

LEON.
Plus nu que nu ! Cul nu !

FRANCK.
Cul nu ?

LEON.
Cul nu ! Plus nu que nu, cul nu !

FRANCK. *(Il se signe religieusement).*
Mon Dieu, pardonnez-moi.

THEATRE - COPYRIGHTCLAUDECOGNARD2012 ISBN-13 : 978-1481032247 - ISBN-10 : 1481032240

LEON. (*Il s'assoit et prend un croissant*).
Tu dansais nu sur le divan !

FRANCK. *(Une nouvelle fois, il se signe religieusement).*
Mon Dieu, pardonnez-moi.

LEON.
Le bon Dieu a d'autres chats à fouetter... !

FRANCK.
J'avais conservé mon... (*Il montre son caleçon).*

LEON.
La dernière fois que je t'ai vu, le spectacle était complet. Le petit valseur entre les deux valseuses.

FRANCK.
Le petit Valseur ?

LEON.
Si j'avais su que tu ne t'en souviennes pas, je t'aurais filmé.

FRANCK.
Plus un mot !

ISBN-13: 978-1481032247 - ISBN-10: 1481032240

LEON.
Puisque nous sommes amants, je vais te libérer.

FRANCK.
Je vais le tuer...

LEON. *(Il le libère).*
Imagine la presse ! Un bijoutier tue son amant en cavale...

FRANCK. *(En le prenant sur le radiateur).*
Tu peux m'expliquer la présence de ces capotes ?

LEON.
Non ! ...

FRANCK.
Allez, tu t'es bien amusé, tu t'es bien vengé, maintenant, tu me lâches.

LEON.
Chéri ?

FRANCK. *(Il se jette sur lui).*
On ne devient pas pédé, comme ça, du soir au lendemain.

THEATRE - COPYRIGHTCLAUDECOGNARD2012 ISBN-13 : 978-1481032247 - ISBN-10 : 1481032240

LEON. *(Il le bloque et le projette gentiment au sol).*
Non, mais du jour au lendemain ça arrive !

FRANCK. *(Il se relève et se jette sur Léon).*
Je m'en fous que tu sois homo !

LEON. *(En l'esquivant).*
Je ne le suis pas !

(Franck au sol).

LEON. *(Il lui tend la main).*
Allez, ma puce !

Franck *se lève précipitamment et lui met un coup de tête. Léon s'effondre.*

ISBN-13: 978-1481032247 - ISBN-10: 1481032240

VII.

Léon se relève. Il est seul, il se frotte la tête. Il reprend son arme et la glisse dans sa ceinture de pantalon. Il sort, et revient avec un gant qu'il s'applique sur le front. Son téléphone portable sonne.

LEON.
Si c'est lui, il va m'entendre. *(Il décroche)*. Oui ? Aline ? L'amie de... oui, de Franck, j'ai bien compris. Tu pleures ? Comment ça, il revient pour me tuer ? *(conciliant)*. Il plaisante. Avec une Kalachnikov ? Pour me faire la peau... Il aurait pu choisir plus discret... Mais, non, il n'est pas homo. Je voulais me venger des années de prison que j'ai prises à cause de lui. Il en est convaincu. Alors... Comment ça, la vengeance est un plat que se mange froid ? Je ne suis pas de ceux-là, moi, la vengeance, c'est toujours à chaud... Merde, voilà quelqu'un ... excuse-moi...

(Entrée de Franck armé, il épaule).

LEON.
Arrête ! Je t'ai fait marcher !

THEATRE - COPYRIGHTCLAUDECOGNARD2012 ISBN-13 : 978-1481032247 - ISBN-10 : 1481032240

FRANCK. *(Il tire et Léon s'écroule).*
Eh bien rampe maintenant …

(Il s'approche de lui, se penche sur lui).
Quand on est né pour être con, on reste con !

(Il prend son téléphone portable).
Iris, tu es prête, c'est parti. On se retrouve à Roissy Charles de Gaulle.

ISBN-13: 978-1481032247 - ISBN-10: 1481032240

RIDEAU.

Saint-Étienne le 16/11/2012.

THEATRE - COPYRIGHTCLAUDECOGNARD2012 ISBN-
13 : 978-1481032247 - ISBN-10 : 1481032240

CONTENU

ISBN-13: 978-1481032247 - ISBN-10: 1481032240

THEATRE.

THEATRE - COPYRIGHTCLAUDECOGNARD2012 ISBN-
13 : 978-1481032247 - ISBN-10 : 1481032240